Bibliografische Information der Deutschen Nationalbibliothek:

Die Deutsche Bibliothek verzeichnet diese Publikation in der Deutschen National-
bibliografie; detaillierte bibliografische Daten sind im Internet über http://dnb.d-
nb.de/ abrufbar.

Impressum:

Copyright © 2017 GRIN Verlag
Druck und Bindung: Books on Demand GmbH, Norderstedt Germany
ISBN: 9783668753051

Dieses Buch bei GRIN:

https://www.grin.com/document/428928

Anonym

Bilanzierung von latenten Steuern nach HGB und IFRS. Eine kritische Gegenüberstellung

GRIN Verlag

GRIN - Your knowledge has value

Der GRIN Verlag publiziert seit 1998 wissenschaftliche Arbeiten von Studenten, Hochschullehrern und anderen Akademikern als eBook und gedrucktes Buch. Die Verlagswebsite www.grin.com ist die ideale Plattform zur Veröffentlichung von Hausarbeiten, Abschlussarbeiten, wissenschaftlichen Aufsätzen, Dissertationen und Fachbüchern.

Besuchen Sie uns im Internet:

http://www.grin.com/

http://www.facebook.com/grincom

http://www.twitter.com/grin_com

Universität Duisburg-Essen

Fakultät für Wirtschaftswissenschaften

Institut für Betriebswirtschaft und Volkswirtschaft

Lehrstuhl für Internationale Rechnungslegung

Seminararbeit

Zum Thema

Kritische Gegenüberstellung der Bilanzierung von latenten Steuern nach HGB und IFRS

Datum: 28.06.2017

Inhaltsverzeichnis

Abkürzungsverzeichnis

Abs. .... Absatz

Aufl. .... Auflage

BGB .... Bürgerliches Gesetzbuch

BilMoG .... Bilanzrechtsmodernisierungsgesetz

bzw. .... beziehungsweise

DRS .... Deutsche Rechnungslegungs Standards

EStG .... Einkommensteuergesetz

et al. .... et aliae/alii

EU .... Europäische Union

FASB .... Financial Accounting Standards Board

f. .... folgende

ff. .... fortfolgende

Gem. .... gemäß

GmbH .... Gesellschaft mit beschränkter Haftung

GuV .... Gewinn- und Verlustrechnung

HB .... Handelsbilanz

HGB .... Handelsgesetzbuch

Hrsg. .... Herausgeber

IAS .... International Accounting Standard(s)

IASB .... International Accounting Standards Board

IFRS .... International Financial Reporting Standards

i. H. v. .... in Höhe von

i. V. m. .... in Verbindung mit

Abbildungsverzeichnis

Tabellenverzeichnis

1 Einleitung

1.1 Einführung und Problemstellung

Im Zuge der zunehmenden Globalisierung der Güter- und Kapitalmärkte gewinnt die Internationalisierung der Rechnungslegung immer mehr an Bedeutung. Eine Anpassung der deutschen Rechnungslegung an internationale Standards (IFRS) ist unumgänglich.[1] Besonders deutlich wird dies durch das am 25. Mai 2009 in Kraft getretene Bilanzmodernisierungsgesetz (BilMoG), dass das deutsche Bilanzrecht grundlegend reformierte. Das Ziel hierbei ist eine erleichterte Vergleichbarkeit der Bilanzen international tätiger Unternehmen.[2] Ein besonders wesentlicher Bestandteil des Gesetzes ist die Abkehr von der umgekehrten Maßgeblichkeit, sodass nach dem BilMoG steuerliche Wahlrechte vom Maßgeblichkeitsprinzip (MGP) ausgeschlossen sind.[3] Denn in Deutschland ist die Handelsbilanz (HB) mit der Steuerbilanz (StB) durch das MGP sehr eng verknüpft, sodass die Anzahl der Unterschiede zwischen der HB und StB und damit der Stellenwert der Abgrenzung latenter Steuern in der Vergangenheit nicht hoch war. Durch den Wegfall der umgekehrten Maßgeblichkeit entstehen vermehrt Differenzen zwischen HB und StB. Dies hat zur Folge, dass vermehrt latente Steuern entstehen und die Bedeutung latenter Steuerabgrenzung steigt.[4]

1.2 Aufbau der Arbeit

Die vorliegende Seminararbeit thematisiert die Bilanzierung latenter Steuern nach nationalen (HGB) und internationalen (IFRS) Vorschriften. Die Arbeit gliedert sich in drei Hauptteile. Nachfolgend werden im zweiten Kapitel die theoretischen Grundlagen latenter Steuern dargestellt. Hierbei wird auf die Entstehung, Konzeption und Bewertung latenter Steuern im Allgemeinen eingegangen. Im dritten und vierten Kapitel werden die beiden Regelwerke hinsichtlich Ansatz, Bewertung und Ausweis untersucht. Dieser Analyse folgt eine kritische Gegenüberstellung beider Vorschriften. Die Seminararbeit wird abschließend im fünften Kapitel zusammengefasst. Aufgrund der Komplexität des Themas kann nicht auf alle Themen in Bezug auf die latenten Steuern eingegangen werden. Hierfür werden ausführliche Quellen in der Fußnote angegeben.

---

[1] Vgl. *Pellens et al.* (2017), S. 37.
[2] Vgl. hierzu ausführlich *Scherrer* (2011), S. 1-10.
[3] Vgl. *Schildbach et al.* (2013), 163 f.
[4] Vgl. *Küting et al.* (2009), S.501; *Heyd/Kreher* (2010), S. 18 f.

2 Theoretische Grundlagen latenter Steuern

2.1 Rahmenbedingungen

Die Rechtsnormen für das deutsche Handelsrecht, unter anderem für das Bilanzrecht sind im HGB verankert. Das HGB unterliegt allerdings ständiger Veränderungen, insbesondere der Anpassung der deutschen Rechnungslegung an internationale Standards (IFRS). Zuletzt wurde das deutsche Handelsrecht durch das im Mai 2009 in Kraft getretene BilMoG grundlegend verändert.

Die International Financial Reporting Standards (IFRS) geben internationale Standards bzw. Vorschriften für die Rechnungslegung vor und werden im Gegensatz zu den gesetzlich kodifizierten Vorschriften des HGB durch eine privatrechtliche Institution, das International Accounting Standards Board (IASB), entwickelt und veröffentlicht.[5] Kapitalmarktorientierte Unternehmen mit Sitz in der EU haben seit 2005 die Pflicht ihren Konzernabschluss nach IFRS aufzustellen.[6] Dementsprechend sind die aufzustellenden Abschlüsse kapitalmarktorientierter deutscher Unternehmen ein handelsrechtlicher Einzelabschluss gem. § 238-290 HGB für Zwecke der Ausschüttungsbemessungsfunktion, eine StB gem. §§ 4, 5 EStG und KStG für die steuerliche Gewinnermittlung und zuletzt ein Konzernabschluss gem. IFRS für Zwecke der Informationsvermittlung.[7]

National ist § 274 HGB für die Bilanzierung und Bewertung latenter Steuern im Einzel- und Konzernabschluss zuständig. § 306 HGB bezieht sich ausschließlich auf die Anwendung latenter Steuern im Konzernabschluss. Die Regelungen des § 274 HGB sind verpflichtend für mittelgroße und große Kapitalgesellschaften und für Personengesellschaften, die unter § 264a HGB fallen. Für kleine Kapital- und Personengesellschaften besteht hingegen ein Wahlrecht zur Anwendung des § 274 HGB.[8] Auf internationaler Ebene regelt IAS 12 im Rahmen der IFRS die Ertragsteuern (Income Taxes) und damit die Bilanzierung und Bewertung von latenten Steuern (Deferred Taxes). Im Vergleich zum HGB sind die Vorschriften des IAS 12 rechtsformunabhängig, sodass für die Behandlung latenter Steuern im Konzernabschluss die allgemeinen Regelungen des IAS 12 gelten.[9]

---

[5] Vgl. *Wolz* (2005), S. 9 ff.
[6] Vgl. *Bitz et al.* (2014), S. 767 ff.
[7] Vgl. *Wolz (2005)*, S. 11; *Buchholz* (2009), S. 15 f.
[8] Vgl. *Bitz et al.* (2014), S. 197.
[9] Vgl. *Pellens et al.* (2017), S. 246 f.

Tabelle 1 gibt einen Überblick über die Rechnungslegung im Einzel- und Konzernabschluss in Deutschland.

	Konzernabschluss	Einzelabschluss
Kapitalmarktorientierte Unternehmen	IFRS-Pflicht	HGB-Pflicht (zur Ausschüttung)
Nicht kapitalmarktorientierte Unternehmen	Wahlrecht (HGB oder IFRS)	IFRS-Wahlrecht (für Offenlegungszwecke)

Tabelle 1: Rechnungslegung in Deutschland [10]

2.2 Entstehung aktiver und passiver latenter Steuern

Durch unterschiedliche Bilanzierungs- und Bewertungsansätze in der HB nach HGB bzw. IFRS und StB entstehen latente Steuern. In beiden Fällen handelt es sich um zukünftige steuerliche Be- und Entlastungen.[11] Das Ziel latenter Steuerabgrenzung ist der Ausgleich der Differenzen zwischen der tatsächlichen Steuerschuld aus der StB und der fiktiven Steuerschuld aus der HB, sodass ein plausibler Zusammenhang zwischen dem Steueraufwand aus der HB und dem Jahresergebnis hergestellt wird. Latente Steuern sind nur auf solche Differenzen zu bilden, die sich im Zeitablauf wieder ausgleichen. Dies beinhaltet zeitlich begrenzte und quasi zeitlich unbegrenzte Differenzen (Temporary-Konzept).[12]

Aktive latente Steuern entstehen, wenn in der HB im Gegensatz zur StB Vermögensgegenstände (Aktiva) niedriger bewertet oder nicht angesetzt werden und Schulden (Passiva) höher bewertet oder ausschließlich in der HB angesetzt werden. Der handelsrechtliche Gewinn ist in den Folgejahren höher und löst demzufolge Steuerentlastungen aus.[13] Mit der Bildung eines Aktivpostens wird der zu hohe Steueraufwand korrigiert und somit ein Ausgleich zwischen HB und StB hergestellt. Ein Beispiel zur Entstehung aktiver latenter Steuern sind Drohverlustrückstellungen. Nach IFRS bzw. § 249 Abs. 1 Satz 1 HGB sind drohende Verluste aus schwebenden Geschäften rückstel-

---

[10] Quelle: eigene Darstellung in Anlehnung an *Buchholz* (2009), S. 14 f.
[11] Vgl. *Bieg et al.* (2009), S. 283.
[12] Vgl. *Ruhnke/Simons* (2012), S. 407 ff.
[13] Vgl. *Schildbach et al.* (2013), S. 400.

lungspflichtig. Steuerrechtlich ist der Ansatz von Drohverlustrückstellung gem. § 5 Abs. 4a EStG verboten.[14] Deutlich wird dies im nachfolgenden kurzen Rechenbeispiel:

„Die X-GmbH erwartet aus einem im Jahr 01 abgeschlossenen und im Jahr 02 zu erfüllendem Geschäft einen drohenden Verlust i. H. v. 40 T€, der voraussichtlich im Jahr 02 zahlungswirksam wird. Er wird daher im Jahr 01 eine handelsrechtlich ansatzpflichtige Rückstellung für drohende Verluste aus einem schwebenden Geschäft bilanziert, die steuerlich gem. § 5 Abs. 4a EStG nicht gebildet werden darf. […] Es wird mit einem Ertragsteuersatz von 30% gerechnet."[15]

HB: Rückstellung für drohenden Verlust	40 T€
StB: kein Ansatz der Rückstellung für drohenden Verlust	0
Differenz	40 T€
Bildung aktive latente Steuer (40 % von 40 T€) =	12 T€

Werden in der HB im Vergleich zur StB Vermögensgegenstände (Aktiva) höher bewertet oder nur in der HB angesetzt und Schulden (Passiva) niedriger bewertet oder nicht angesetzt werden, so entstehen passive latente Steuern. Der HB-Gewinn ist in Zukunft niedriger als der StB-Gewinn und führt zu Steuerbelastungen.[16] Mit der Bildung des Passivpostens wird der zu niedrige Steueraufwand korrigiert und ein Ausgleich geschaffen. Die Aktivierung selbst erstellter immaterieller Vermögensgegen-stände in der HB ist ein Beispiel für die passive Steuerabgrenzung (Aktivierungswahl-recht), da die Aktivierung in der StB nicht erlaubt ist.[17] Deutlich wird dies im Folgenden kurzen Rechenbeispiel: Das Industrieunternehmen A aktiviert nach § 248 Abs. 2 HGB einen selbst geschaffenen immateriellen Vermögensgegenstand in der HB zu Herstel-lungskosten von 30 T€. Ein Ansatz in der StB ist verboten (§ 5 Abs. 2 EStG). Der Ertragsteuersatz beträgt 30 %.[18]

---

[14] Vgl. *Baetge et al.* (2017,) S. 559; *Pellens et al.* (2017), S. 255.
[15] *Bitz et al.* (2014), S. 194 ff.
[16] Vgl. *Schildbach et al.* (2013), S. 400; *Coenenberg et al.* (2014), S. 481.
[17] Vgl. *Küting et al.* (2009) S. 513.
[18] Vgl. *Küting et al.* (2009) S. 511 f.

HB: Ansatz immaterieller Vermögensgegenstand	30 T€
StB: kein Ansatz des immateriellen Vermögensgegenstandes	0
Differenz	30 T€
Bildung aktive latente Steuer (30 % von 30 T€) =	9 T€

Abbildung 1: Aktive und Passive Steuerabgrenzung [19]

Zusammenfassend lässt sich die aktive und passive Steuerabgrenzung in Abbildung 1 darstellen. Die Abgrenzung latenter Steuern nach IFRS verläuft analog.

---

[19] Quelle: entnommen aus *Baetge et al.* (2017), S. 558.

2.3 Differenzen

Durch Unterschiede in den Ansatz- und Bewertungsmethoden nach HGB bzw. IFRS und dem Steuerrecht entstehen Differenzen. Dabei werden drei Arten von Differenzen unterschieden: Einerseits die zeitlich begrenzten Differenzen, andererseits die zeitlich unbegrenzten (permanenten) Differenzen und zuletzt die quasi zeitlich unbegrenzten Differenzen.[20] Bei zeitlich begrenzten Differenzen werden die Erfolgskomponenten im handelsrechtlichen und im steuerrechtlichen Abschluss zu verschiedenen Zeitpunkten erfasst. Die Differenzen entstehen somit erfolgswirksam und gleichen sich in den Folgeperioden automatisch aus.[21] Die zeitlich unbegrenzten Differenzen gleichen sich im Zeitablauf nicht aus, da Aufwendungen und Erträge lediglich im HB- oder StB-Abschluss erfasst werden. Die permanenten Differenzen bleiben im Rahmen der Steuerabgrenzung unberücksichtigt. Die quasi zeitlich unbegrenzten Differenzen entstehen erfolgswirksam, gleichen sich jedoch erst nach einem längeren unbestimmten Zeitraum aus.[22]

2.4 Konzepte der Steuerabgrenzung

Bei der Abgrenzung latenter Steuern wird zwischen dem GuV-orientiertem Timing-Konzept und dem bilanzorientiertem Temporary-Konzept differenziert. Vor dem BilMoG wurde in Deutschland das Timing-Konzept angewendet. Die Steuerabgren-zung, sowohl nach dem neuen HGB-Recht als auch nach IFRS folgt dem Temporary-Konzept.[23] In beiden Konzeptionen werden die oben genannten Arten von Differenzen unterschieden.

Das bilanzorientierte Temporary-Konzept erfasst erfolgswirksame sowie erfolgsneutrale Differenzen. Die Voraussetzung ist jedoch, dass diese erfolgsneutral entstehen und sich erfolgswirksam auflösen. Daraus resultierend finden nicht nur zeitlich begrenzte, sondern auch quasi zeitlich unbegrenzte Differenzen Berücksichtigung. Die Differenzen werden unter „temporary differences" zusammengefasst. Nicht miteinbezogen werden Differenzen, die sich aus außerbilanziellen Hinzurechnungen und Kürzungen ergeben.[24]

---

[20] Vgl. *Bitz et al.* (2014), S. 192 f.; *Ruhnke/Simons* (2012), S. 410 f.
[21] Vgl. *Ruhnke/Simons* (2012), S. 410.
[22] Vgl. *Baetge et al.* (2017), S. 551 f.
[23] Vgl. hierzu ausführlich *Coenenberg et al.* (2014), S. 476 ff.
[24] Vgl. *Bieg et al.* (2009), S. 284; *Coenenberg et al.* (2014), S. 480 f.

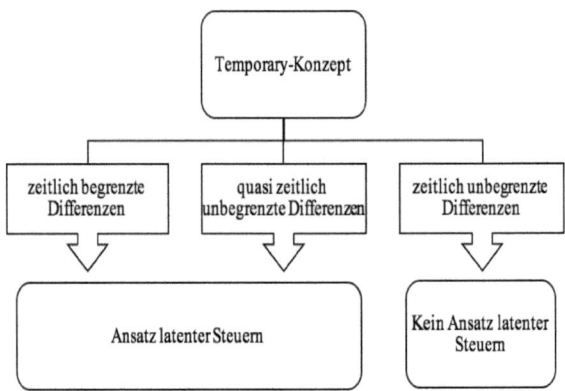

Abbildung 2: Temporary-Konzept [25]

Das GuV-orientierte Timing-Konzept ist beschränkt auf zeitlich begrenzte Differenzen. Zeitlich unbegrenzte und quasi zeitlich unbegrenzte Differenzen werden hier nicht beachtet. Berücksichtigung finden demnach nur erfolgswirksame Differenzen, weil erfolgsneutrale Differenzen zu keinem Unterschied zwischen dem HB- und StB-Ergebnis führen.[26]

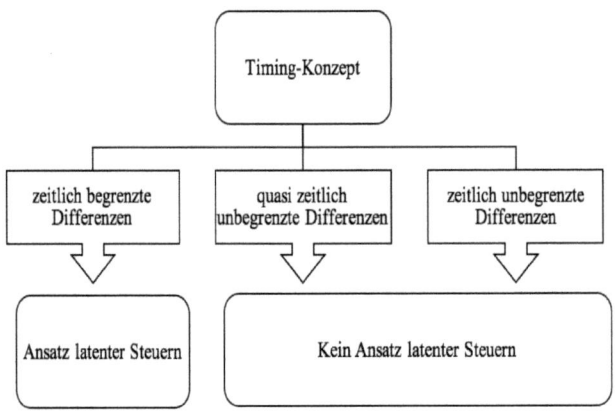

Abbildung 3: Timing-Konzept [27]

---

[25] Quelle: eigene Darstellung in Anlehnung an *Coenenberg et al.* (2014), S. 486.
[26] Vgl. *Coenenberg et al.* (2014), S. 476.
[27] Quelle: eigene Darstellung in Anlehnung an *Coenenberg et al.* (2014), S. 476.

2.5 Bewertung latenter Steuern

Bei der Bilanzbewertung wird zwischen zwei Konzepten der zeitlichen Abgrenzung unterschieden: Zum einen die Abgrenzungsmethode (deferred-method), die sich dem Timing-Konzept zuordnet. Zum anderen die Verbindlichkeitsmethode (liability-method), die sich hauptsächlich dem Temporay-Konzept zuordnen lässt. Eine Verknüpfung mit der Liability-Methode ist ebenfalls möglich. Nach IFRS und dem neuen HGB-Recht kommt die bilanzorientierte Liability-Methode, bei der der zutreffende Vermögens- und Schuldenausweis in der Bilanz im Vordergrund steht, zum Einsatz.[28]

Latenten Steuern ergeben sich durch Multiplikation der jeweiligen Differenzen mit dem anzuwendenden Steuersatz. Für die Berechnung der latenten Steuern wird gem. Liability-Methode der zukünftige Steuersatz herangezogen, der zum späteren Zeitpunkt der Umkehrung der Bilanzdifferenzen gelten wird. Bei einer Steuersatzänderung erfolgt eine nachträgliche Anpassung. Folglich werden aktive latente Steuern als eine Forderung und passive latente Steuern wie eine Verbindlichkeit gegenüber dem Finanzamt betrachtet.[29] Bei der GuV-orientierten Deferred-Methode ist die primäre Zielsetzung die periodengerechte Erfolgsermittlung durch ihre Eigenschaft eines Rechnungsabgrenzungspostens. Bei der Berechnung der latenten Steuern wird daher immer der aktuelle Steuersatz verwendet. Eine nachträgliche Anpassung an geänderte Steuersätze findet nicht statt.[30]

2.6 Inside und Outside Basis Differences

Im Konzernabschluss entstehen ebenfalls latente Steuern, die aus temporären Differenzen hervorgehen. Neben den bereits erwähnten gesetzlichen Vorschriften für den Konzernabschluss auf nationaler Ebene (§§ 274, 306 HGB), kommen auf Ebene des Konzernabschlusses die verpflichtenden Vorschriften des DRS 18 hinzu.[31] Auf internationaler Ebene regelt wie angeführt IAS 12 die Vorschriften der latenten Steuern für den Konzernabschluss.

Die Ermittlung latenter Steuern im Rahmen der Konzernabschlusserstellung lässt sich in drei Ebenen untergliedern. Auf der ersten Ebene werden die latenten Steuern aus den HGB- bzw. IFRS-Einzelabschlüssen (HB I) erfasst (*inside basis differences I*). Auf der zweiten Ebene erfolgt eine Anpassung an konzerneinheitliche Bilanzierungsvorschrif-

---

[28] Vgl. hierzu ausführlich *Baetge et al.* (2017), S. 562 ff.
[29] Vgl. *Pellens et al.* (2017), S. 259 f.; *Bitz et al.* (2014), S. 816.
[30] Vgl. *Baetge et al.* (2017), S. 563.
[31] Vgl. hierzu ausführlich *Coenenberg et al.* (2014), S. 763-777.

ten. Durch die Vereinheitlichung können zusätzlich Differenzen zwischen HB II und StB entstehen (*inside basis differences II*).[32] Auf der letzten Ebene entstehen latenten Steuern durch Konsolidierungsmaßnahmen.

Nach nationalen Normen werden die latenten Steuern aus der ersten und zweiten Ebene als primäre latente Steuern bezeichnet, die aus § 274 HGB resultieren. Die latenten Steuern aus Konsolidierungsmaßnahmen sind sekundäre latente Steuern, die auf § 306 HGB basieren.[33]

Wesentlicher Unterschied zwischen § 306 HGB einerseits und IAS 12 andererseits besteht beim Ansatz der *outside basis differences*. Im HGB-Konzernabschluss führen diese Arten von Differenzen nicht zum Ansatz latenter Steuern. Outside Basis Differences sind Differenzen zwischen dem im Konzernabschluss ausgewiesenen Nettovermögen der Beteiligungsgesellschaft und dem Beteiligungsbuchwert in der StB.[34]

Nach internationalen Normen finden die *inside basis differences* schon während der Erstkonsolidierung Anwendung, wohingegen die *outside basis differences* erst bei der Folgekonsolidierung beachtet werden. Für den Ansatz der *outside basis differences* sind Bedingungen geknüpft.[35]

3 Latente Steuern nach IFRS

3.1 Bilanzansatz

Bei der Bilanzierung von latenten Steuern nach IAS 12 kommt das Temporary-Konzept i. V. m. der Liability-Methode zum Einsatz. Die Abgrenzung nach IAS 12 erfolgt somit bilanzorientiert und es führen nur zeitlich begrenzte und quasi-zeitlich begrenzte Differenzen zu latenten Steuern. Die temporären Differenzen zwischen den Buchwerten in der IFRS-Bilanz und der StB bauen sich in zukünftigen Perioden ab und führen zu ertragsteuerlichen Be- oder Entlastungen. Ergo werden temporäre Differenzen unterteilt in: Abzugsfähige temporäre und zu versteuernde temporäre Differenzen.[36]

---

[32] Vgl. *Lüdenbach/Hoffmann/Freiberg* (2017), § 26, Rn. 139.
[33] Vgl. *Grottel/Larenz* (2016), § 274 HGB, Rn. 3.
[34] Vgl. *Coenenberg et al.* (2014), S. 766; *Bitz et al.* (2014), S.956 f.
[35] Vgl. *Lüdenbach/Hoffmann/Freiberg* (2017), § 26, Rn. 139, 158 f.
[36] Vgl. *Coenenberg et al.* (2014), S. 498 f.

Fallen Vermögen nach IFRS niedriger aus, bzw. fallen Schulden nach IFRS höher aus, als in der StB, so entstehen abzugsfähige temporäre Differenzen (deductible temporary differences). Infolgedessen entsteht ein latenter Steueranspruch und es sind aktive latente Steuern (deferred tax assets) zu bilanzieren. Die Anforderung für die Ansatzpflicht aktiver latenter Steuern ist, dass in absehbarer Zukunft ein wahrscheinlich zu versteuerndes Einkommen erzielt wird. Die Wahrscheinlichkeitsgrenze ist von IASB und FASB auf 50% festgelegt worden.[37] Unter die Bilanzansatzpflicht aktiver latenter Steuern fallen zusätzlich latente Steuern auf noch nicht genutzte steuerliche Verlustvorträge. Der Ansatz erfolgt analog zu den Vorschriften für die übrigen latenten Steuern.[38]

Fallen hingegen Vermögen nach IFRS höher aus, bzw. fallen Schulden nach IFRS niedriger aus als in der StB, entstehen zu versteuernde temporäre Differenzen (taxable temporary differences). Folglich entsteht eine latente Steuerschuld und es sind passive latente Steuern (deferred tax liabilities) zu bilanzieren.[39] Nach IAS 12.15 sind von der Pflicht zum Ansatz latente Steuern ausgenommen, die aus dem erstmaligen Ansatz eines Geschäfts- oder Firmenwertes entstehen. Des Weiteren besteht ein Ansatzverbot für aktive und passive latente Steuern, die im Zusammenhang mit der Bilanzierung erstmalig anzusetzender Vermögensgegenstände oder Schulden erfolgsneutral entstehen und nicht aus einem Unternehmenszusammenschluss resultieren.[40]

3.2 Bilanzbewertung

Nach der Liability-Methode sind nach IAS 12.47 grundsätzlich die zukünftig zu erwartenden Steuersätze zu berücksichtigen, die voraussichtlich im Zeitpunkt der Auflösung der Differenzen gelten werden. Sind diese nicht bekannt, so sind die aktuell gültigen Steuersätze zur Bewertung der latenten Steuern heranzuziehen. Bei Steuersatzänderungen müssen die latenten Steuerpositionen aus den vergangen Perioden in der Bilanz angepasst werden.[41] Gem. IAS 12.37 sind nicht aktivierte latente Steuern zu jedem Bilanzstichtag erneut zu überprüfen. Es erfolgt ebenso eine Überprüfung des Buchwertes latenter Steuern auf die Werthaltigkeit zu jedem Bilanzstichtag (IAS 12.56).[42] Eine Abzinsung von latenten Steuern ist gem. IAS 12.53 unzulässig.

---

[37] Vgl. *Buchholz* (2009), S. 65; *Bieg et al.* (2009), S. 282 ff.
[38] Vgl. *Lüdenbach/Hoffmann/Freiberg* (2017), § 26, Rn. 125 f.
[39] Vgl. *Baetge et al.* (2017), S. 570.
[40] Vgl. *Bieg et al.* (2009), S. 285 f.
[41] Vgl. *Lüdenbach/Hoffmann/Freiberg* (2017), § 26, Rn. 202.
[42] Vgl. hierzu ausführlich *Pellens et al.* (2017), S. 256.

3.3 Bilanzausweis

Hinsichtlich der Ermittlung und des Ausweises latenter Steuern besteht nach IAS 12 grundsätzlich ein Saldierungsverbot, dennoch besteht unter einigen Umständen eine Saldierungspflicht. So muss die Saldierung rechtlich durchsetzbar sein und die aktiven und passiven latenten Steuern müssen sich auf Ertragsteuern beziehen, die gegenüber derselben Steuerbehörde, ergo demselben Finanzamt bestehen (IAS 12.74). Aktive und passive latente Steuern sind in der Bilanz getrennt von anderen Vermögenswerten und Schulden zu zeigen.[43] Bei einer Gliederung nach der Fristigkeit sehen die IFRS für den Ansatz der latenten Steuern einen Ausweis unter den langfristigen Vermögensgegenständen bzw. Schulden vor (IAS 1.56).[44] Die Bildung und Auflösung von latenten Steuern erfolgt in der GuV erfolgswirksam über die Positionen „Steueraufwendungen" oder „Steuererträge". Sind diese der gewöhnlichen Geschäftstätigkeit zuzuordnen, sind sie gem. IAS 12.77 gesondert auszuweisen.[45] Für den Anhang sieht IAS 12 eine Fülle von Erläuterungs- und Angabepflichten zu den latenten Steuern vor. Beispielsweise sind die Angaben der Hauptbestandteile des Steueraufwands oder -ertrags verpflichtend (IAS 12.79).[46]

4 Latente Steuern nach HGB

4.1 Bilanzansatz

Nach dem BilMoG erfolgte der Wechsel vom GuV-orientierten Timing-Konzept zum bilanzorientierten Temporary-Konzept, sodass zeitlich begrenzte und quasi-zeitlich begrenzte Differenzen zu latenten Steuern führen.[47]

Werden demgemäß in der HB im Vergleich zur StB Aktiva niedriger und Passiva höher bewertet, entsteht ein latenter Steueranspruch. § 274 Abs. 1 Satz 2 HGB sieht analog zu den Regelungen vor dem BilMoG, jedoch abweichend von den internationalen Vorschriften, weiterhin ein Aktivierungswahlrecht für den Überhang aktiver latenter Steuern vor. Für den Ansatz aktiver Steuerabgrenzung ist eine zukünftige Ausgleichfähigkeit gefordert.[48] Durch den Ausweis als eigenständiger Posten, dienen die aktiven

---

[43] Vgl. *Ruhnke/Simons* (2012), S. 415.
[44] Vgl. *Lüdenbach/Hoffmann/Freiberg* (2017), § 26, Rn. 238.
[45] Vgl. *Pellens et al.* (2017), S. 262.
[46] Vgl. *Baetge et al.* (2017), S. 576.
[47] Vgl. *Schildbach et al.* (2013), S. 212.
[48] Vgl. *Ruhnke/Simons* (2012), S. 411.

latenten Steuern nicht mehr als Bilanzierungshilfe, wie es vor dem BilMoG vorgesehen war.[49] Zusätzlich werden gem. § 274 Abs. 1 Satz 4 HGB steuerliche Verlustvorträge bei der Berechnung aktiver latenter Steuern berücksichtigt, soweit eine Verrechnung innerhalb der nächsten fünf Jahre zu erwarten ist.[50]

Eine latente Steuerschuld hingegen, entsteht wenn in der HB im Vergleich zur StB Aktiva höher oder Passiva niedriger bewertet. § 274 Abs. 1 Satz 1 HGB sieht parallel zu den Regelungen vor dem BilMoG eine Passivierungspflicht für passive latente Steuern vor. Durch den Ausweis als eigenständiger Posten werden passive latente Steuern nicht mehr als Rückstellungen bilanziert und bewertet.[51]

	HGB	IFRS
Aktive Steuerabgrenzung	Wahlrecht	Pflicht
Passive Steuerabgrenzung	Pflicht	Pflicht

Tabelle 2: Ansatz aktiver und passiver latenter Steuern nach HGB und IFRS [52]

4.2 Bilanzbewertung

Nicht nur bei der Bilanzierung, sondern auch bei der Bewertung von latenten Steuern kommt es nach dem BilMoG zu einer Annäherung an die IFRS. Die Bewertung erfolgt nicht mehr nach der Deffered-Methode, sondern nach der Liability-Methode, bei der der zutreffende Bilanzausweis von Vermögen und Schulden im Fokus steht. Demnach sind für die Bewertung von latenten Steuern unternehmensindividuelle Steuersätze heranzuziehen, die im Zeitpunkt der Auflösung der Differenzen gelten werden. Sind diese unbekannt, wird der am Bilanzstichtag gültige individuelle Steuersatz zugrunde gelegt, sofern der Bundesrat einer Änderung vor bzw. am Bilanzstichtag zugestimmt hat.[53] Tritt die jeweilige Steuerentlastung oder -belastung ein oder ist mit ihrem Eintritt nicht mehr zu rechnen so sind die latenten Steuern aufzulösen. § 274 Abs. 2 Satz 1 HGB untersagt die Abzinsung von latenten Steuern. Diese Bestimmung folgert sich aus dem Ausweis der latenten Steuern in der Bilanz als eigenständige Posten.[54] Die Aktivierung latenter Steuern führt für Kapitalgesellschaften zu einer Ausschüttungssperre gem. §

---

[49] Vgl. *Bitz et al.* (2014), S. 191; *Küting et al.* (2009), S. 507.
[50] Vgl. hierzu ausführlich *Coenenberg et al.* (2014), S. 497 f.
[51] Vgl. *Wolz (2005)*, S. 201; *Schildbach et al.* (2013), S. 240 f.
[52] Quelle: eigene Darstellung.
[53] Vgl. *Baetge et al.* (2017), S. 562 f.
[54] Vgl. *Bieg et al.* (2009), S. 289; *Heyd/Kreher* (2010), S. 95.

268 Abs. 8 HGB. Die Ausschüttungssperre dient dem Gläubigerschutz und erfolgt in der Höhe des Betrages, um den die aktiven latenten Steuern die passiven latenten Steuern übersteigen.[55]

4.3 Bilanzausweis

§ 274 HGB geht grundsätzlich von einer Saldierung aktiver und passiver latenter Steuern aus (Gesamtdifferenzbetrachtung). Mit der Saldierung der Steuerlatenzen ergibt sich ein Aktiv- oder ein Passivüberhang. Für einen Passivüberhang besteht eine Ansatzpflicht, wogegen für den Aktivüberhang ein Ansatzwahlrecht gewährt wird. Grundsätzlich ist bei der Ausübung der Stetigkeitsgrundsatz zu beachten. Alternativ ermöglicht § 274 Abs. 1 Satz 3 HGB einen unsaldierten Ansatz in der Bilanz (Ausweiswahlrecht).[56] Laut § 274 HGB erfolgt der Ausweis im Gliederungsschema der Bilanz gem. § 266 Abs. 2 D bzw. 3 E HGB auf der Aktivseite bzw. Passivseite als eigenständiger Posten.[57]

In der GuV sind gem. § 274 Abs. 2 Satz 3 HGB latente Steueraufwendungen oder -erträge, sowohl bei der Bildung, als auch bei der Auflösung, gesondert unter dem Posten „Steuern vom Einkommen und Ertrag" auszuweisen. Im Anhang ist nach § 285 Nr. 29 HGB anzugeben, aufgrund welcher Differenzen und steuerlichen Verlustvorträge die bilanzierten latenten Steuern berechnet worden sind. Des Weiteren ist anzugeben mit welchen Steuersätzen die Bewertung erfolgt ist. Von der Angabepflicht befreit bleiben kleine und mittelgroße Kapitalgesellschaften gem. § 288 Abs. 1 HGB.[58]

4.5 Kritische Gegenüberstellung mit IFRS

In den Abschlüssen sowohl nach HGB als auch nach IFRS entstehen die Ansatz- und Bewertungsunterschiede gegenüber der StB, die zur Entstehung latenter Steuern führen. BilMoG verfolgte mit der Anpassung der deutschen Rechnungslegung an internationale Standards eine Verbesserung der Informationsfunktion der HB.[59]

---

[55] Vgl. hierzu ausführlich *Küting et al.* (2009), S. 521 ff.
[56] Vgl. *Grottel/Larenz* (2016), § 274 HGB, Rn. 14 f.
[57] Vgl. *Ruhnke/Simons* (2012), S. 415; *Scherrer* (2011), S. 301.
[58] Vgl. *Grottel/Larenz* (2016), § 274 HGB, Rn. 76, 80.
[59] Vgl. *Küting et al.* (2009), S. 516.

Mit der Anpassung an die IFRS erfolgt gleichzeitig die Annäherung des § 274 HGB an IAS 12. So erfolgt der Wechsel vom GuV-orientierten Timing-Konzept zum bilanzorientierten Temporary-Konzept, wie es bei den IFRS Anwendung findet. Durch diesen Schritt wird der Informationsgehalt der Bilanz deutlich aufgewertet, da das Temporary-Konzept weitreichender ist als das Timing-Konzept. Demnach umfasst das Temporary-Konzept erfolgswirksam und erfolgsneutral entstandene Differenzen. Des Weiteren werden neben den zeitlich begrenzten auch die quasi zeitlich unbegrenzten Differenzen berücksichtigt.[60]

Die nachfolgende Tabelle verdeutlich die Unterschiede der beiden Steuerabgrenzungskonzeptionen hinsichtlich Entstehung und Umkehr.

Steuerlatenz	Entstehung		Auslösung / Umkehr		
	erfolgswirksam	erfolgsneutral	Keine	disponibel, unbestimmt	zeitlich absehbar
Timing – Konzept	X	-	-	-	X
Temporary – Konzept	X	X	-	X	X

x = zutreffend; - = unzutreffend

Tabelle 3: Unterschiede der Steuerabgrenzungskonzeption [61]

Auch die nun anzuwendende Liability-Methode zeigt die Annäherung an die internationale Rechnungslegung. Der richtige Vermögens- und Schuldenausweis wird in den Vordergrund gestellt. Nach der Liability-Methode stellen HGB und IFRS auf den Steuersatz ab, der im Zeitpunkt der Umkehr der Differenzen gelten wird. Durch die Anwendung zukünftiger Steuersätze erhält der Abschlussadressat ein höheres Maß an Informationen über die kommende Entwicklung.

Eine weitere Gemeinsamkeit in der neuen Rechnungslegung nach HGB und der nach IFRS ist die Bildung von latenten Steuern auf Verlustvorträge, die ebenfalls der Informationsverbesserung dient. An dieser Stelle tritt dennoch ein Unterschied auf, denn in HGB ist der Verlustvortrag auf eine in den nächsten fünf Jahren zu erwartende Verlustverrechnung begrenzt. In IFRS ist keine Grenze für Verlustvorträge gesetzt.[62]

---

[60] Vgl. *Küting et al.* (2009), S. 503.
[61] Quelle: entnommen aus *Federmann* (2010), S. 283.
[62] Vgl. *Ruhnke/Simons* (2012), S. 414; *Küting et al.* (2009), S. 508.

Trotz einer weitreichenden Annäherung bleiben einige Unterschiede. Die internationalen Vorschriften (IAS 12) gelten rechtsformunabhängig für den Einzel- und Konzernabschluss. Die nationalen Normen gelten für alle mittelgroße und große Kapitalgesellschaften und Personengesellschaften, die unter § 264a HGB fallen. Kleine Kapitalgesellschaften sind von der Anwendung des § 274 HGB befreit.

Für aktive und passive Steuerabgrenzungen sieht IAS 12 eine Ansatzpflicht vor. Demgegenüber wird in der HB gem. § 274 Abs. 1 Satz 1, 2 HGB ein Ansatzwahlrecht für den Aktivüberhang und eine Ansatzpflicht für den Passivüberhang gewährt.

Die Ansatzvorschriften des § 274 HGB bieten ein Saldierungswahlrecht, wohingegen nach IFRS ein Saldierungsverbot besteht. Weil mit der Saldierung der Umfang deutlich eingeschränkt wird, bietet § 274 HGB die Möglichkeit die latenten Steuern unsaldiert in der Bilanz anzusetzen.

Mit der Aktivierung der latenten Steuern und dem unsaldierten Bilanzausweis erfolgt ein besserer Einblick in die Vermögenslage, sodass auch an dieser Stelle eine Aufwertung der Informationsfunktion stattfindet.[63]

---

[63] Vgl. *Grottel/Larenz* (2016), § 274 HGB, Rn. 14 f.

5   Fazit

Zusammenfassend lässt sich feststellen, dass die Modernisierung des Handelsrechts viele Auswirkungen auf die Bilanzierung, insbesondere auf die Behandlung der latenten Steuern hat. Durch den Wegfall der umgekehrten Maßgeblichkeit im Rahmen des BilMoG entstehen vermehrt Unterschiede zwischen HB und StB hinsichtlich Ansatz und Bewertung, sodass den latenten Steuern eine höhere Bedeutung zukommt.

Mit den Regelungen des HGB und der IFRS treffen zwei unterschiedliche Zielsetzungen und Rechnungslegungssysteme aufeinander. Die Bilanzierung nach HGB geht vorrangig vom Vorsichtsprinzip aus. Daraus resultiert für die latenten Steuern die Passivierungspflicht und das Aktivierungswahlrecht, das mit einer Ausschüttungssperre verbunden ist.

Nach IFRS besteht der wesentliche Unterschied darin, dass nicht der mehr Gläubigerschutz, sondern die Informationsfunktion im Vordergrund steht. Adressat des Jahresabschlusses ist also nicht der Gläubiger, sondern der Kapitalgeber. Daraus folgend sieht IAS 12 eine Aktivierungs- und Passivierungspflicht für latente Steuern.

Mit der Annäherung der deutschen Rechnungslegung an internationale Standards hat insbesondere die Informationsfunktion einen größeren Stellenwert erlangt. Dies zeigt sich besonders durch den Wechsel vom Timing-Konzept zum umfassenderen Temporary-Konzept. Demgemäß entstehen latente Steuern auf sämtliche temporäre Differenzen, die zu zukünftigen Steuerbelastungen oder -entlastungen führen. Dennoch bleiben einige Unterschiede, wie z. B. das Saldierungs- und Aktivierungswahlrecht.

Literaturverzeichnis

Baetge, Jörg/Kirch, Hans-Jürgen/Thiele, Stefan (2017): Bilanzen, 14. Aufl., Düsseldorf.

Bieg, Hartmut/Hossfeld, Christopher/Kußmaul, Heinz/Waschbusch, Gerd (2009): Handbuch der Rechnungslegung nach IFRS: Grundlagen und praktische Anwendung, 2. Aufl., Düsseldorf.

Bitz, Michael/Schneeloch, Dieter/Wittstock, Wilfried/Patek, Guido (2014): Der Jahresabschluss, Nationale und internationale Rechtsvorschriften: Analyse und Politik, 6. Aufl., München.

Buchholz, Rainer (2009): Internationale Rechnungslegung: Die wesentlichen Vorschriften nach IFRS und neuem HGB, 8. Aufl., Berlin.

Coenenberg, Adolf G./Haller, Axel/Schultze, Wolfgang (2014): Jahresabschluss und Jahresabschlussanalyse: Betriebswirtschaftliche, handelsrechtliche, steuerrechtliche und internationale Grundlagen – HGB, IAS/IFRS, US-GAAP, DRS, 23. Aufl., Stuttgart.

Federmann, Rudolf (2010): Bilanzierung nach Handelsrecht, Steuerrecht und IAS/IFRS: Gemeinsamkeiten, Unterschiede und Abhängigkeiten 12. Aufl., Berlin.

Heyd, Reinhard/Kreher, Markus (2010): BilMoG – Das Bilanzrechtsmodernisierungsgesetz: Neuregelungen und ihre Auswirkungen auf Bilanzpolitik und Bilanzanalyse, München.

Küting, Karlheinz/Pfitzer, Norbert/Weber, Claus-Peter (2009): Das neue deutsche Bilanzrecht: Handbuch zur Anwendung des Bilanzmodernisierungsgesetzes (BilMoG), 2. Aufl., Stuttgart.

Pellens, Bernhard/Fülbier, Rolf Uwe/Gassen, Joachim/Sellhorn, Thorsten (2017): Internationale Rechnungslegung: IFRS 1 bis 16, IAS 1 bis 41, IFRIC-Interpretationen, Standardentwürfe, 10. Aufl., Stuttgart.

Ruhnke, Klaus/Simons, Dirk (2012): Rechnungslegung nach IFRS und HGB, 3. Aufl., Stuttgart.

Scherrer, Gerhard (2011): Rechnungslegung nach neuem HGB: Eine anwendungsorientierte Darstellung mit zahlreichen Beispiele, 3. Aufl., München.

Schildbach, Thomas/Stobbe, Thomas/Brösel, Gerrit (2013): Der handelsrechtliche Jahresabschluss, 10. Aufl., Sternenfels.

Wolz, Matthias (2005): Grundzüge der internationalen Rechnungslegung nach IFRS, München.

Rechtsquellen:

HGB, Handelsgesetzbuch vom 10. Mai 1897, Bundesgesetzblatt Teil III, Gliederungsnummer 4100-1, zuletzt geändert durch Artikel 24 Abs. 6 des Gesetzes vom 23. Juni 2017, BGBI, S. 1693.

IAS 1, Presentation of Financial Statements - Darstellung des Abschlusses, rev., London, 2011.

IAS 12, Income Taxes - Ertragsteuern, rev., London, 2011.

Kommentarliteratur:

Grottel, Bernd/Larenz (2016), § 274 HGB, in: Grottel, Bernd/Wolfgang, J. Schubert/Schmidt, Stefan/Winkeljohann, Norbert (Hrsg.), Beck'scher Bilanzkommentar: Handelsbilanz, Steuerbilanz, 10. Aufl., München.

Lüdenbach, Norbert/Hoffmann/Freiberg (2017), § 26, in: Lüdenbach, Norbert/Hoffmann, Wolf-Dieter/Freiberg, Jens (Hrsg.), Haufe IFRS-Kommentar: Das Standardwerk, 15. Aufl., Freiburg; München; Stuttgart.